Norbert Pautner

Die 200 besten Eselsbrücken

Sieben – fünf – drei:
Rom schlüpft aus dem Ei.

Bassermann

Dieses Buch gehört:

. . . .

Inhaltsverzeichnis

Einleitung

Viel und klug ist schon darüber geforscht, nachgedacht und spekuliert worden, woher der Ausdruck »Eselsbrücke« (oder etwas gelehrter: *pons asini* bzw. *asinorum*) eigentlich stammt. Da reichen die Erklärungen vom natürlichen Verhalten eines Esels bis hin zum antiken Mathematiker Euklid. Mindestens ebenso interessant ist es aber auch, zu bedenken, dass wahrscheinlich jede Kultur bestimmte Wortbilder oder Merkverse kennt, mit denen sich Sachverhalte einprägen lassen, die andernfalls zu abstrakt, komplex oder verwechselbar wären.

Merksprüche dieser Art bestehen zumeist aus reimenden Versen, denn die lassen sich notfalls sogar mithilfe einer kleinen Melodie erlernen. Aber auch »Umwege« wie ähnliche Wortanfänge oder die Verwendung von Zahlen als Buchstaben wirken als Merkverstärker.

Darüber hinaus kommen in diesem Buch noch zahlreiche bunte Illustrationen hinzu, die den »Augenmenschen« unter uns dabei helfen können, die Merkhilfen noch einprägsamer zu machen. Dabei steht neben jeder Eselsbrücke eine entsprechende Illustration – also insgesamt auch über 200 Stück.

Die Merksprüche selbst sind sowohl bewährte Klassiker – beziehungsweise Variationen davon – als auch auch komplette Neuschöpfungen für Themen, die in der Eselsbrückendomäne bisher eher unterrepräsentiert waren. Die Themen gehen dabei quer durch alle Gärten, sind aber ordentlich in Kapiteln sortiert und damit gut auffindbar. Sie lassen sich vielseitig einsetzen: vom Alltags- übers Schulwissen bis hin zu Dingen, mit denen man beim Quizzen glänzen kann.

Trotz der Vielzahl von versammelten Eselsbrücken kann es natürlich passieren, dass Leserinnen und Leser einige ihnen geläufige Merksprüche vermissen – das kann dann auch daran liegen, dass sich einige Merkhilfen als diskriminierend verstehen lassen und deshalb nicht berücksichtigt wurden. Denn niemand ist »dumm«, weil er/sie Brüche falsch kürzt oder Probleme mit der Rechtschreibung hat. Doch nun: Viel Spaß beim Blättern, Entdecken, Merken und (vielleicht auch) Schmunzeln.

**Oberhalb und unterhalb,
innerhalb und außerhalb,
wegen, unweit, trotz, statt, während
stets den zweiten Fall begehren.**

Auf die genannten Präpositionen
folgt stets der Genitiv.

**Mit, nach, von, seit, zu, aus, bei
brauchen stets Fall Nummer drei.**

Auf die genannten Präpositionen
folgt stets der Dativ.

Durch, für, ohne, um und gegen nach dem vierten Falle streben.

Auf die genannten Präpositionen folgt stets der Akkusativ.

Auf einmal schreibt man auf zwei Mal.

»Auf einmal« wird getrennt geschrieben.

Gar nicht schreibt man gar nicht zusammen.

»Gar nicht« wird getrennt geschrieben.

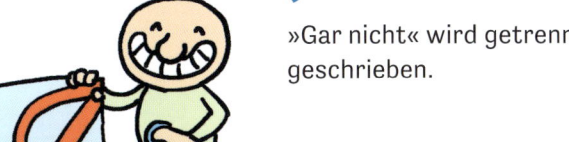

Mein Name war nämlich, dem meines Ahns sehr ähnlich.

Ob ein langer Vokal ein h enthält, muss im Einzelfall erlernt werden.

Miene im G-e-sicht, Mine im St-i-ft. Stiel am B-e-sen, Stil in der Schr-i-ft.

Ob ein langes i mit oder ohne e geschrieben wird, muss einzeln gelernt werden. Durch die Schreibung ändert sich bei gleichlautenden Wörtern die Bedeutung.

Lärchen sind B-ä-ume, Lerchen sind Vög-e-l.

Die Wörter werden gleich gesprochen, aber unterschiedlich geschrieben. Und auch die Bedeutung ändert sich.

Einfach bleibt das »s« bei »das«, steht's für »welches« oder »was«.

Nach dem Komma wird nur das Relativpronomen »das« mit einem s geschrieben.

Gibt's den Mitlaut gleich zweimal, steht davor ein kurzer Vokal.

Vor einem doppelten Konsonanten steht in der Regel immer ein kurzer Vokal. Danach richtet sich auch, ob »ss« oder«ß« verwendet wird.

Seit der Zeit, beide mit t; wir sind, ihr seid, beide mit d.

»Seit« und »seid« haben nichts miteinander zu tun, sie klingen nur ähnlich.

Ein Standard ist keine Stand-Art.

»Standard« wird am Ende mit d geschrieben, schließlich ist er keine Art zu stehen.

ALLE beide sind parallel.

So kann man sich merken, wo im Wort »parallel« das Doppel-l steckt.

-ig, -sam, -los, -lich, -ich, -voll, -bar:
Klein geschrieben, das ist klar.

Die Endungen machen aus einem Verb ein
Adjektiv, das klein geschrieben wird.

-ling, -schaft, -ung, und -heit,
-tum, -nis, -sal und -keit:
Groß geschrieben jederzeit.

Mit den Wortendungen werden Verben
und Adjektive zu Substantiven, also groß
geschrieben.

Nach l, m, n, r, das merke ja, folgt nie t-z und und nie c-k.

Die Buchstabenfolgen »tz« und »ck« werden wie Doppelkonsonanten behandelt. Ausnahmen sind Eigennamen wie Bismarck.

-chen und -lein machen alle Dinge klein,

Die Endungen »-chen« und »-lein« bilden den Diminutiv, die Verkleinerungsform. Dabei wird der Vokal der Stammsilbe oft in einen Umlaut geändert: Brot – Brötchen.

Wer »brauchen« ohne »zu« gebraucht, braucht »brauchen« gar nicht zu gebrauchen.

In der Bedeutung von »müssen« oder »dürfen« erfordert »brauchen« (anders als diese!) ein »zu« vor dem folgenden Infinitiv.

Ist es scheinbar,
ist's nicht wahr;
Hat's den Anschein,
kann's so sein.

»Scheinbar« und »anscheinend« werden oft verwechselt: »Scheinbar« bezeichnet stets eine Täuschung, »anscheinend« eine Wahrnehmung, die zu überprüfen ist.

Wenn »wider« nur »dagegen« meint,
dann ist das »e« dem »i« sein Feind.
Wenn »wieder« nur »noch einmal« meint,
dann sind dort »i« und »e« vereint.

Obwohl »wieder« und »wider« gleich gesprochen werden, sind ihre Schreibung und Bedeutung unterschiedlich.

When in doubt leave it out.

Kommas werden im Englischen weniger häufig gesetzt als im Deutschen, meist nur in Aufzählungen oder zur Trennung von Haupt- und Nebensatz. Im Zweifelsfall sollte man daher ein Komma lieber weglassen.

»For a long time«, asked the hen, »would exactly be since when?«

»For« und »since« werden beide als »seit« übersetzt. Dabei bezeichnet »for« einen Zeitraum, »since« einen Zeitpunkt.

Das Alphabet macht es gescheit: Place before time, Ort vor Zeit.

Üblicherweise steht die Ortsangabe vor der Zeitangabe: »He lives in London since last year«.

Die Reihenfolge S-P-O ist nur nicht in den Fragen so.

Üblicherweise sind die Satzglieder eines Aussagesatzes stets in der Reihenfolge Subjekt, Prädikat und Objekt angeordnet.

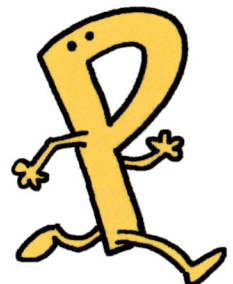

Who? – You!
Where? – There!

So lassen sich »who« und »where«
trotz ihrer falschen Ähnlichkeit mit
dem deutschen »Wo« und »Wer«
richtig einsetzen.

»Where« wie O-r-t mit r,
»who« wie Pers-o-n mit o,
»which« wie D-i-ng mit i.

So lassen sich die Relativ- bzw. Frage-
pronomen leichter unterscheiden und
korrekt verwenden.

Ist »wenn« »w-enn«, bleibt es »w-hen«.
Falls »wenn« »f-alls« ist, ist es »i-f«.

Wenn (zeitlich: »when«) und falls (konditional: »if«) sind nicht austauschbar und müssen immer unterschieden werden.

»If« and »would« is no good.
»If« and »will« makes me ill.

Im If-Teil des Konditionalsatzes (*if clause*) nie »would« oder »will« verwenden; diese gehören in den Hauptsatz.

Bei »he«, »she«, »it«:
Das »s« muss mit.

Das Verb wird nach der 3. Person Singular mit -s konjugiert: I take, she takes.

Wenn Did-i kommt, muss Ed-e gehen.

Did steht im *simple past* nur mit Infinitiv:
He played, he did play, didn't he play?

Never, ever, yet, so far: Present perfect, ist doch klar.

Never, ever, yet, so far sind Signalwörter für das *present perfect* (gebildet mit dem Hilfsverb »to have« und der Verbendung »-ed«).

Yesterday, ago und last erfordern stets das simple past.

Yesterday, ago und last sind Signalwörter für die einfache Vergangenheitsform, das *simple past* (gebildet mit der Verbendung »-ed«).

»Sometimes«, »always«, »never«, »just«, always vor das Zeitwort must.

Diese vier Adverbien stehen vor dem Verb.

»AM« ist am M-orgen. »PM« ist s-P-äter.

AM (*ante meridiem*) steht hinter Uhrzeitangaben am Vormittag, PM (*post meridiem*) hinter Uhrzeiten nach dem Mittag.

Männchen kann man zählen, Matsch nicht.

»Many« ist zählbar (many things), »much« nicht (much time).

Wenn es sich um Mehrzahl handelt, wird y in ie verwandelt. Doch hinter a, e, o, u bleibt das y in Ruh.

Im Plural wird das y zu »ie«: lady, ladies. Folgt das y auf einen Vokal, bleibt es dabei: day, days.

They took their share from here to there.

»Their« (ihr) und »there« (dort) dürfen trotz des Gleichklangs nicht verwechselt werden.

To choose chooses an o, to lose loses an o.

Im Gegensatz zu »to choose« wird »to lose« trotz gesprochenem langen u mit nur einem o geschrieben und ist nicht mit »loose« (lose, locker) zu verwechseln.

Mit »get« bekommst du was, mit »become«, da wirst du was.

»To get« (bekommen) und »to become« (werden) sind sogenannte *false friends*: Wörter die ähnlich klingen, aber etwas anderes bedeuten.

Vor a, o, u
sprich: ga, go, gü
und: ka, ko, kü.

Vor den Vokalen a, o und u
werden g und c »hart« ausge-
sprochen, vor e und i »weich«.

Vor o, u, a,
klingt »c« wie »k«.
Hängt man ein Cedille dran,
nimmt es einen s-Laut an.

Mit dem Cedille (ç) weicht man ein c
vor den Vokalen a, o, u auf.

Toujours schreibt man toujours mit -s.

Auch wenn man das s am Schluss nicht hört,
geschrieben werden muss es.

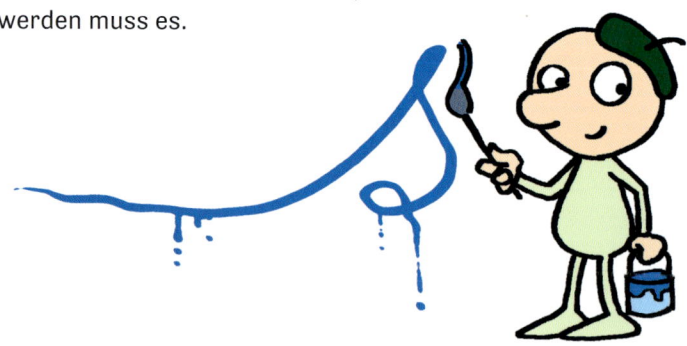

Es gibt kein »lui le«, »leur le«, das schreib dir hinters Öhrle.

Für »lui« und »leur« gilt nicht die normale Reihenfolge der Pronomen (Dativ vor Akkusativ): »Elle me le montre« (sie zeigt es mir), aber »elle le lui montre« (sie zeigt es ihm).

»De le« und »à le« sind 'ne böse Falle.

»De le« und »à le« werden zu »du« und »au«.

»Où« heißt »wo« und hat 'nen Floh. Beim Oder-ou kommt nichts hinzu.

Der Accent grave über dem u unterscheidet »ou« (oder) von »où« (wo).

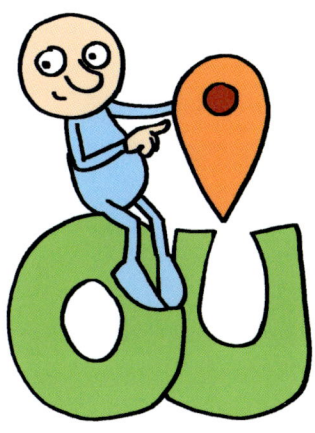

Um die Eiffelturm führt der Tour de France.

Im Französischen sind bei »tour« die Geschlechter vertauscht: Der Turm = »la tour«, die Rundfahrt = »le tour«.

Femina erkennt man schon an der Endung -eur und -son; auch die Endung -té und -ée man als feminin anseh.

Männlich ist hingegen -age, abgesehen von image, cage, page, plage, rage und nage.

In einigen Fällen lässt sich das Geschlecht eines Wortes an seiner Endung erkennen.

Schloss, Hotel und Krankenhaus kommen ohne Dach nicht aus.

»Château«, »hôtel« und »hôpital« schreiben sich mit Zirkumflex (^) als Ersatz für das weggefallene s.

Bewegungsverben, das ist fein, stehen mit »être«, das heißt »sein«. Mit »avoir«, und das steht fest, bildet man den großen Rest.

Das *passé composé* wird in der Regel mit avoir (»j'ai mangé«) gebildet, außer bei den »Bewegungsverben« wie aller, venir oder auch naître, die mit être gebildet werden.

Seit 7 – 76
im Sport der Grieche übt sich.

Im Jahr 776 v. Chr. fanden
die ersten Olympischen Spiele
in Griechenland statt.

7 – 5 – 3:
Rom schlüpft aus dem Ei.

Im Jahr 753 v. Chr. soll Romulus
der Überlieferung nach die Stadt
Rom gegründet haben.

5 – 10:
Roms Könige gehn.
4 – 7 – 4
man besser anvisier'.

Der Legende nach wurde um 510 v. Chr. der letzte römische König vertrieben. Wahrscheinlicher ist es, dass die Zeit der Römischen Republik 474 v. Chr. begann.

Ständig Palavern und Quengeln die Römer.

SPQR: *Senatus Populusque Romanus*, »Senat und Volk von Rom«, Hoheitszeichen des antiken Rom.

4 – 7 – 7 / 4 – 7 – 8:
Attikas Bund hält die Wacht.

477 oder 478 v. Chr. wurde der Attische
Seebund zwischen Athen und Stadtstaaten
der Ägäis begründet.

In Sparta, Korinth, Athen und Theben
kann beim SKAT man einen heben.

Dies sind die bedeutendsten Städte im
antiken Griechenland der klassischen
Periode (ca. 500–336 v. Chr.).

3 – 3 – 3: bei Issos Keilerei.

Die Heere von Darius III. und von Alexander dem Großen stießen 333 v. Chr. an der Mittelmeerküste bei Issos aufeinander. Darius erlitt dabei eine große Niederlage.

Zama Oh Zama!

Die Schlacht von Zama: Im Jahr 202 v. Chr. trug Hannibal mit den Römern die größte Schlacht in Nordafrika während des Zweiten Punischen Krieges aus.

1 – 0 – 0:
Cäsar trank die Pull.

Gaius Julius Caesar wurde am 13. Juli 100 v. Chr. in Rom geboren.

Märzes Iden 40 – 4
packten Brutus Neid und Gier.

Am 15. März 44 v. Chr. ermordeten Brutus und andere Verschwörer Cäsar. Sie wollten angeblich die Republik vor dem Diktator schützen.

Im Jahre 27 vor
wird Octavian Imperator.

Octavian wurde 27 v. Chr. als *Imperator Caesar Augustus* der erste »echte« Kaiser Roms.

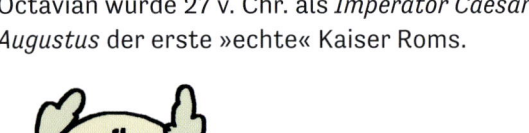

3 – 7 – 5:
Die Völker machen sich auf die Strümpf'.
5 – 6 – 8:
Das Wandern ist vollbracht.

Um 375 begann die Migration germanischer Gruppen in römisches Territorium. Die Völkerwanderung endete 568 mit dem Einfall der Langobarden in Italien.

Armin schlug den Varus richtig;
9 nach Christus, das ist wichtig.

Der Cheruskerfürst Arminius besaß die Ritterwürde und das römische Bürgerrecht. Er organisierte den Widerstand gegen des kaiserlichen Legaten Publius Quinctilius Varus. Dabei wurde ein römisches Heer von 20 000 Mann im Teutoburger Wald geschlagen.

3 – 9 – 5, Byzanz:
Rom ist nicht mehr ganz.

395 teilte sich das Imperium Romanum nach dem Tod von Theodosius I. in das Oströmische (Byzanz) und das Weströmische Reich.

4 – 7 – 6:
Mit Rom war es dann ex.

Der Kaiser Romulus Augustulus wurde abgesetzt und verbannt. Der germanische Befehlshaber Odoaker ließ sich nur zum König ausrufen und nicht zum Kaiser. Diese Würde wurde dem Kaiser des Oströmischen Reiches in Konstantinopel (Byzanz) zuteil.

6 – 1 – 2:
Mit Ninive war's vorbei.

612 n. Chr. wurde das assyrische Reich mit der Hauptstadt Ninive durch die Meder und Babylonier erobert.

8 – 0 – 0:
In Rom kriegt Karl den Stuhl.

Karl der Große wurde Weihnachten 800 in Rom von Papst Leo III. zum Kaiser gekrönt.

Neun – Sechs – Zwo:
Kaiser ist Otto.

Otto I. der Große (912 – 973), König des Ostfrankenreiches, war ab 951 König von Italien und ab 962 römisch-deutscher Kaiser.

Tausend – Sechs – Sechs:
Wilhelm ist jetzt Rex.

Der normannische König Wilhelm (der »Eroberer«) wurde nach der Schlacht bei Hastings Weihnachten 1066 zum englischen König gekrönt.

10 – 76:
Heinrich begibt sich nach Canossa zum Büßen, dem Papst zu Füßen.

Im Winter 1076/77 ging der exkommunizierte König Heinrich IV. nach Canossa, um den Kirchenbann von Papst Gregor VII. aufheben zu lassen.

12 – 9 – 1:
gegründet war die Schweiz.

1291 schworen sich die drei Urkantone Uri, Schwyz und Unterwalden zu einem Bund zusammen.

1 – 4 – 5 – 3:
Mit Byzanz ist es vorbei.

Konstantinopel wurde am 29. Mai 1453 von
den Osmanen unter Sultan Mehmed II. erobert. Damit war das Ende des Byzantini-
schen Reiches besiegelt.

Karl der Kühne verlor
bei Grandson das Gut,
bei Murten den Mut,
bei Nancy das Blut.

Die Niederlagen des Herzogs von Burgund,
Karl des Kühnen, in den Kriegen mit der
Eidgenossenschaft: 1476 wurde er bei
Grandson und Murten und 1477 bei Nancy
geschlagen.

Acht vor Fünfzehnhundert: Kolumbus wird bewundert.

Am 12. Oktober 1492 landete Christoph Kolumbus auf den Bahamas und »entdeckte« Amerika.

Geschieden, geköpft, gestorben, geschieden, geköpft, überlebt.

Die Schicksale der sechs Ehefrauen des englischen Königs Heinrich VIII. (1491–1547).

Arme Armada: 15 – 88 Englands Seemacht macht sich.

Im Jahr 1588 wollte der spanische König Philipp II. England, das von Königin Elisabeth I. regiert wurde, erobern. Seine Flotte, die Armada, wurde jedoch von den Engländern abgewehrt und vernichtet.

17 vor und 17 nach
sind dem Luther seine Tach.
17 Jahre später dann
das Wort auf Deutsch man lesen kann.

Martin Luther wurde 1483 in Eisleben geboren, 1517 veröffentlichte er 95 Thesen gegen den Ablasshandel, 1534 stellte er seine Bibelübersetzung fertig.

Sechzehnhundert, eins und acht:
Ab jetzt gibt's dreißig Jahre Schlacht.

Im Jahr 1618 begann der Dreißigjährige Krieg. Ausgelöst wurde er durch den Prager Fenstersturz.

17 – 76,
Folgendes begibt sich:
Am 4. Julei
ist Amerika frei.

Am 4. Juli 1776 erklärten sich die ehemaligen britischen Kolonien unabhängig, es entstanden die Vereinigten Staaten von Amerika.

1 – 7 – 8 – 9:
Frankreich kann sich freun.

Am 14. Juli 1789 stürmten die Pariser die Bastille; dieser Tag bezeichnet den Beginn der Französischen Revolution.

Russland, Elba, Waterloo;
Sankt Helena bis Ultimo.

Nach dem gescheiterten Russlandfeldzug wurde Napoleon 1814 auf die Insel Elba verbannt. 1815 kehrte er zurück und erlitt bei Waterloo eine weitere vernichtende Niederlage. In der Folge wurde er auf die Insel St. Helena verbannt, wo er 1821 verstarb.

18 – 14 / 15:
In Wien gibt's recht viel Aufsehn.

Nach Napoleons Niederlagen ordneten sich auf dem Wiener Kongress von 1814 bis 1815 die europäischen Nationen neu.

März 18 – 48:
Widerstand formiert sich.

Im März 1848 revoltierten liberale
Kräfte im Deutschen Bund und anders-
wo in Europa. 1849 wurde der Aufstand
von preußischen und österreichischen
Truppen niedergeschlagen.

Bismarck hatte unverdrossen
18 – 71
das Deutsche Reich beschlossen.

Otto von Bismarck gilt als der »Architekt«
der Gründung des Deutschen Reichs am
18. Januar 1871.

Einmal Eins und dreimal Acht:
drei Kaiser waren an der Macht.

1888 gilt als sogenanntes Dreikaiserjahr: Wilhelm I. starb am 9. März. Sein
Sohn Friedrich Wilhelm III. folgte ihm auf den Thron, verstarb aber nur 99 Tage
später. Daraufhin wurde dessen Sohn Wilhelm II. Kaiser.

Eighteen-sixty-one:
Der Bürgerkrieg begann.
Eighteen-sixty-five:
Des Nordens Sieg war reif.

Der Sezessionskrieg zwischen den aus der Union ausgetretenen, »konföderierten« Südstaaten und den Nordstaaten dauerte von 1861 bis 1865.

WAt JEht, ROsaLle?

Die vier seit 1941 am Mount Rushmore verewigten Präsidenten: George WAshington, Thomas JEfferson, Theodore ROosevelt und Abraham LIncoln.

Erster Weltkrieg, 14 – 18:
Deutschland hat danach das Nachsehn.

Am 28. Juni 1914 wurde der Erste Weltkrieg ausgelöst durch das Attentat von Sarajevo. Erst 1918 kam es zum Waffenstillstand. Deutschland galt als Hauptschuldiger des Krieges.

Im Oktober 29
wird weltweit die Wirtschaft ranzig.

Die Weltwirtschaftskrise der 1930er Jahre begann mit dem New Yorker Börsencrash im Oktober 1929. Sie führte weltweit zu massenhafter Armut, sozialer Verelendung und politischen Krisen.

30 – 1, 1 – 9 – 3 – 3:
Beginn der Nazi-Barbarei.

Am 30. Januar 1933 wurde Hitler mit Unterstützung konservativer Politiker zum Reichskanzler ernannt.

Neunzehnhundert-neunundvierzig: BRD und DDR, man rührt sich.

Am 23. Mai 1949 wurde die BRD gegründet, am 7. Oktober des gleichen Jahres die DDR.

Oktober Neunundvierzig: China konstituiert sich.

Am 1. 10. 1949 rief Mao Zedong auf dem Tor des Himmlischen Friedens (Tian An Men) die Volksrepublik China aus.

5 – 3, 5 – 3:
Mit Stalin war's vorbei.

Am 05. März 1953 (5. 3. '53) stirbt
Josef Stalin, bald darauf endet auch
sein Personenkult.

61 in Berlin:
Ulbricht lässt 'ne Mauer ziehn.

Am 13. August 1961 wird in Walter Ulbrichts
Verantwortung die Berliner Mauer errichtet.

64 – 73:
US mit Vietnam bekriegt sich.

1964 traten die USA offiziell in den seit 1955 herrschenden Vietnamkrieg ein und zogen 1973 ihre Truppen aus dem Land ab. Der Krieg endete 1975 mit der Eroberung des Südens durch den Norden Vietnams.

Ab 66 wütet Rot
bis 76, Maos Tod.

1966 begann die Kulturrevolution in China. Die politische Kampagne sollte gleichermaßen der Fortsetzung des Klassenkampfs und der Beseitigung politischer Rivalen dienen. Sie endete erst mit Maos Tod 1976.

Nach 45 gab's zwei Staaten, die sich 90 wieder zusammentaten.

Am 12. September 1990 wurde der Zwei-Plus-Vier-Vertrag geschlossen. Dadurch war eine Wiedervereinigung der BRD und der DDR möglich.

Alle Ehemaligen Kanzler Bringen Samstags Krosse Semmeln Mit.

Die bisherigen deutschen sieben Bundeskanzler – und eine Bundeskanzlerin: Adenauer, Erhard, Kiesinger, Brandt, Schmidt, Kohl, Schröder, Merkel.

Heute Lüftet Heini Seinen Clown-VW Richtig. Herr Kohl Wurde Ganz Steif.

Die bisherigen zwölf deutschen Bundespräsidenten: Heuss, Lübke, Heinemann, Scheel, Carstens, von Weizsäcker, Rau, Herzog, Köhler, Wulff, Gauck, Steinmeier.

Erstens gibt's nur einen Gott,
zweitens gibt's ein Bildverbot.
Drittens sollst du niemals fluchen,
viertens sonntags Ruhe suchen.
Fünftens ehrt man's Elternpaar.
Sechstens: Mord ist undenkbar.
Siebtens bricht man keine Ehe,
achtens auch kein Raub geschähe.
Neuntens wir nicht lügen sollen,
zehntens, nichts vom Nachbarn wollen.

Die zehn Gebote: Du sollst …
… keine anderen Götter neben mir haben.
… dir kein Bildnis noch irgendein Gleichnis von Gott machen.
… den Namen des Herrn nicht missbrauchen.
… den Feiertag heiligen.
… deinen Vater und deine Mutter ehren.
… nicht töten.
… nicht ehebrechen.
… nicht stehlen.
… nicht falsch Zeugnis reden wider deinen Nächsten.
… nicht begehren weder deines Nächsten Haus, Weib,
Knecht, Magd, Rind, Esel noch alles, was dein Nächster hat.

Sto-Gei-Nei, Un-Un, Zo-Trä.

Die sieben Todsünden:
Stolz, Geiz, Neid,
Unmäßigkeit, Unzucht,
Zorn, Trägheit.

Genetische Experimente in Leverkusen. Nummeriert auf Deutsch.

Die 5 Bücher Mose: Genesis, Exodus, Levitikus, Numeri, Deuteronomium.

MATMARLUJO mit ELSA

Die vier Evangelisten Matthäus,
Markus, Lukas und Johannes mit
ihren Attributen: Engel, Löwe,
Stier und Adler.

Römische Korinthenpaare galvanisieren effektiv Philips kolossale Thesenpaare.

Die Briefe des Apostels Paulus an die Gemeinden in der Reihenfolge des Neuen Testaments:
Der Brief an die Römer
Der erste Brief an die Korinther
Der zweite Brief an die Korinther
Der Brief an die Galater
Der Brief an die Epheser
Der Brief an die Philipper
Der Brief an die Kolosser
Der erste Brief an die Thessalonicher
Der zweite Brief an die Thessalonicher

Barbara mit dem Turm, Margareta mit dem Wurm, Katharina mit dem Rad, Dorothea mit Salat.

Die vier jungfräulichen Märtyrerinnen der frühen Kirche: Barbara von Nikomedien, Margareta von Antiochia, Katharina von Alexandria und Dorothea von Caesarea mit ihren Attributen (Turm, Drache, Rad, Blumenkorb). Sie gehören auch zu den Vierzehn Nothelfern.

In Rechter Ordnung Lerne Jesu Passion.

Die Reihenfolge der Passionssonntage in der Fastenzeit vor Ostern: Invocavit, Reminiscere, Oculi, Laetare, Judica, Palmarum.

Quelle Meines Jubels: König, Retter, Erlöser.

Aufzählung der Sonntage nach Ostern: Quasimodogeniti, Misericordias Domini, Jubilate, Kantate, Rogate, Exaudi.

Zeus, Poseidon, Demeta, 4-mal H und 5-mal A.

Die zwölf Olympischen Götter:
Zeus, Poseidon, Demeter,
Hera, Hermes, Hephaistos, Hestia,
Apollon, Artemis, Athene, Ares und
Aphrodite. Außer Zeus bewohnen
vier seiner Geschwister und sieben
seiner Kinder den Olymp. Seine
Gattin Hera ist zugleich seine
Schwester.

Mein Memo ist das A&O.
Theo Meint, die Arche sei das A&O.

Die drei titanischen Musen nach Pausanias:
Melete (Übung, Fertigkeit), Mneme (Gedächt-
nis), Aoide (Gesang, Musik).
Die vier titanischen Musen laut Cicero:
Thelxinoe (die Herzerfreuende), Melete
(Übung, Fertigkeit), Arche (Beginn), Aoide
(Gesang, Musik).

Herakles muss fleißig sein:
Löwe, Hydra, Hirsch und Schwein;
Stall ausmisten, Vögel scheuchen.
Und dann kommen Stier und Pferde,
Gürtel, Rinder, Apfelsträucher;
Höllenhund raus aus der Erde.

Die zwölf »Arbeiten« des Herakles:
1. Erlegen des Nemeischen Löwen
2. Töten der neunköpfigen Hydra
3. Einfangen der Kerynitischen Hirschkuh
4. Einfangen des Erymanthischen Ebers
5. Ausmisten der Ställe des Augias
6. Vertreiben der Stymphalischen Vögel
7. Einfangen des Kretischen Stiers
8. Zähmen der Rosse des Diomedes
9. Herbeischaffen des Gürtels der Amazonenkönigin Hippolyte
10. Raub der Rinderherde des Riesen Geryon
11. Pflücken der goldenen Äpfel der Hesperiden
12. Heraufbringen des Wachhundes der Unterwelt, Kerberos, an die Oberwelt

KlioMeTer-Thal, EuEr Ur-PoKal

Die neun Musen: Klio, Melpomene, Terpsichore, Thalia, Euterpe, Erato, Urania, Polyhymnia, Kalliope.

Sagenhafte Philosophen aalen sich im SPA.

Die wohl größten Philosophen des antiken Griechenlands:
Sokrates, Platon und Aristoteles.

Missmutige Pilger des Tales Sollen Bis China Klettern.

Die Sieben Weisen laut Platon:
Myson von Chenai, Pittakos von Mytilene,
Thales von Milet, Solon von Athen,
Bias von Priene, Chilon von Sparta,
Kleobulos von Lindos.

Was du nicht willst, das man dir tu, das füg auch keinem andern zu.

Die Goldene Regel: Behandle andere nur so, wie du selbst behandelt werden willst. Seelenverwandt mit Kants kategorischem Imperativ.

Was wissen?
Was tun?
Was hoffen?
Was sein?

Nach Immanuel Kant ist es die Aufgabe der Philosophie, die ersten drei Fragen zu beantworten, um sich die vierte zu stellen:
Was kann ich wissen?
Was soll ich tun?
Was darf ich hoffen?
Was ist der Mensch?

Helle Griechen Remixen Bizarre Romane. Götter Rennen und Rocken zu Klassischen Hits der Moderne.

Die Epochen der Kunstgeschichte: Hellenismus, Griechische und Römische Kunst, byzantinische Kunst, Romanik, Gotik, Renaissance, Barock/Rokoko, Klassizismus, Historismus und Moderne.

Eindrucksvolle Jugend: Express-Daddeln am Super-Kubus. Die Neue Sache ist ein Pop-Konzept.

Einige der wichtigsten Kunststile der Moderne: Impressionismus, Jugendstil, Expressionismus, Dadaismus, Surrealismus, Kubismus, Neue Sachlichkeit, Pop Art, Konzeptkunst

Leo, Raffa, Michel.

Die 3 großen Meister der
italienischen Renaissance:
Leonardo da Vinci
(1452–1519)
Raffaello Sanzio (1483–1520)
Michelangelo Buonarroti
(1475–1564)

Boruha Revego

Die Meister der Niederländischen
Malerei über die Jahrhunderte:
Hieronymus *Bosch* (~1450–1516)
Peter Paul *Rubens* (1577–1640)
Frans *Hals* (1580/1585–1666)
Rembrandt van Rijn (1606–1669)
Jan *Vermeer* (1632–1675)
Vincent van *Gogh* (1853–1890)

Cäsar, der Esel fabriziert Gold am Hinterteil.

Die 7 Töne zur Oktave: C, D, E, F, G, A, H.

Geh, du alter Esel!

Reihenfolge der Geigensaiten, von tief nach hoch: G, D, A, E.

Cäsar ging durchs Altertum.

Reihenfolge der Saiten einer Bratsche, von tief nach hoch: C, G, D, A.

Eine alte dumme Gans hat Eier.

Reihenfolge der Gitarrensaiten
von tief nach hoch: E, A, D, G, H, E.

Gute Clowns ernten Applaus.

Reihenfolge der Saiten einer Ukulele
in hawaiischer Stimmung: G, C, E, A.

Sonja meidet alte Tänzer beim Baden.

Die Stimmlagen (von hoch bis tief): Sopran, Mezzosopran, Alt, Tenor, Bariton, Bass.

Eine Geige hat der Fiedler.

Violinschlüssel: E, G, H, D, F sind die Töne, die auf die Linien eines Notenblattes geschrieben werden.

Fritz aß Citronen-Eis.

Violinschlüssel: F, A, C, E sind die Noten zwischen den Linien auf einem Notenblatt.

Gustav hat den Frack an.

Bassschlüssel: G, H, D, F, A sind die Töne, die auf die Linien eines Notenblattes geschrieben werden.

Alle Clowns essen Gemüse.

Bassschlüssel: A, C, E, G sind die Noten zwischen den Linien auf einem Notenblatt.

Ein fetter haariger Clown.

Die zwei Halbtonschritte sind von E nach F
und von H nach C.

Das Dur, das kommt von »durus«, hart, das Moll von »mollis«, weich an Art.

Die beiden Tongeschlechter: Dur klingt offen und
hart, Moll gedämpft und getragen.

Die ganze Wurst hängt oben, die halbe Wurst liegt am Boden.

Die ganze Pause wird »oben«, also unter die
Notenlinie, die halbe Pause wird »unten«,
also auf der Linie liegend geschrieben.

Geh, Du Alter Esel, Hol FISche!

Die »Kreuz-Tonarten«, die mit einem oder
mehreren Kreuzen notiert werden:
G-Dur (#), D-Dur (##), A-Dur (###), E-Dur
(####), H-Dur (#####), Fis-Dur (######).

Feine Bauern ESsen ASiatische DESserts GESalzen.

Die »B-Tonarten«, die mit einem oder
mehreren ♭ notiert werden:
F-Dur (♭), B-Dur (♭♭), Es-Dur (♭♭♭),
As-Dur (♭♭♭♭), Des-Dur (♭♭♭♭♭),
Ges-Dur (♭♭♭♭♭♭).

Sticken sieben Keiler hinterm Schäfer.

Die Knochen der Schädelbasis: Stirnbein, Siebbein, Keilbein, Hinterhauptsbein, Schläfenbein.

Ein Kahn, der fuhr im Mondenschein ums Dreieck- und ums Erbsenbein; Vieleck groß, Vieleck klein, ein Kopf, der muss am Haken sein.

Die Handwurzelknochen: Kahnbein, Mondbein, Dreiecksbein, Erbsenbein, großes und kleines Vieleckbein, Kopfbein, Hakenbein.

Der Felsen saß im Kahn allein, da kam das olle Würfelbein, sprang hinein – schlug drei Keile ein!

Die Fußwurzelknochen: Felsenbein, Kahnbein, Würfelbein, Sprungbein, drei Keilbeine.

Im Krankenhaus wird um 7 Uhr, um 12 Uhr und um 5 Uhr gegessen.

Die Anzahl der »freien« Wirbelkörper im Skelett: 7 (Hals), 12 (Brust) und 5 (Lende).

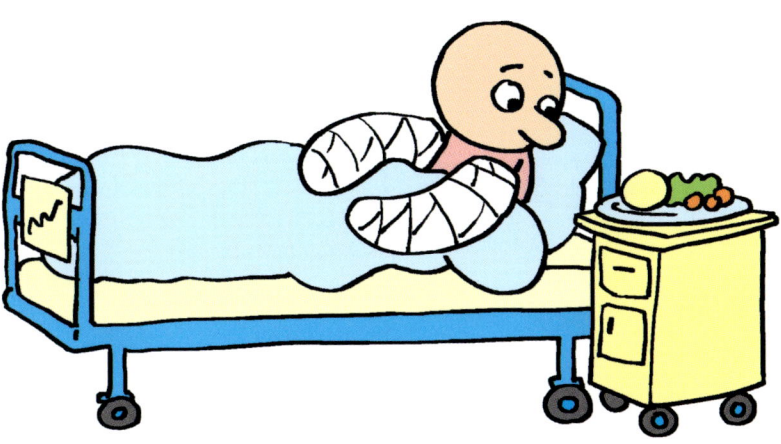

ZApfen sehen FArbe, StÄbchen sehen grÄulich.

Die Zapfen auf der Netzhaut sind für die Farbwahrnehmung bei Tageslicht zuständig, die empfindlicheren Stäbchen für das Hell-Dunkel-Sehen.

Per sitzt auf seinem Po.

HyPER über HyPO: Hoher Blutdruck wird als Hypertonie bezeichnet, niedriger als Hypotonie.

Venen: Versorgung Arterien: Abtransport

Venen führen zum Herzen hin, versorgen es also mit Blut. Arterien transportieren das Blut vom Herzen weg.

Cholesterin: Hilfreich oder Lausig?

HDL ist das »gute« Cholestrin. LDL-Cholesterin gilt als schädlich, da es Arteriosklerose begünstigt.

Fette Vitamine kauft man bei EDeKA.

Die 4 fettlöslichen Vitamine: E (Tocopherol),
D (Cholecalciferol), K (Phyllochinon), A (Retinol)

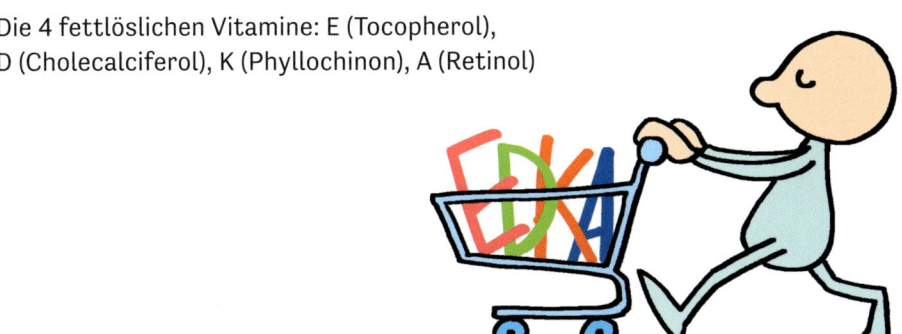

PheTTVILLM (Fettfilm)

Die 8 essentiellen Aminosäuren sind
Phenyalanin, Threonin, Tryptophan,
Valin, Isoleucin, Lysin, Leucin,
Methionin.

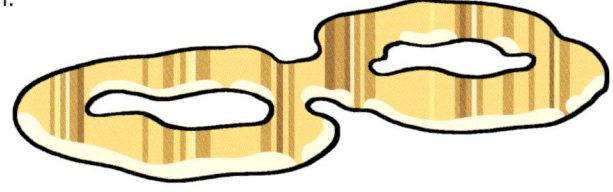

3 Narren raus, 2 Kasper rein.

Die Natrium-Kalium-Pumpe trans-
portiert 3 Na$^+$ aus der Zelle hinaus
und 2 K$^+$ durch die Zellmembran
hinein.

OsteoBlasten Bauen, OsteoKlasten Klauen.

Osteoblasten sind Zellen, die für die Bildung von Knochengewebe beim Knochenumbau zuständig sind. Osteoklasten sind mehrkernige Zellen, deren Hauptaufgabe die Resorption von Knochengewebe ist.

Reiche Stammhalter wissen: Klasse Ordnung herrscht in der Familie, wenn der Gatte Artig ist.

Die Linnésche Systematik teilt die Lebewesen nach Reich, Stamm, Klasse, Ordnung, Familie, Gattung und Art ein.

Afrikanische Elefanten haben lAnge Ohren.
Indische Elefanten haben wInzige Ohren.

Afrikanische Elefanten und Asiatische (bzw. Indische) Elefanten unterscheidet man anhand der Größe ihrer Ohren.

Kamele: Für jedes e ein Höcker.

Wie viele Höcker hat eine Kamelart? Trampeltier: 2 Höcker, Dromedar: 1 Höcker. Die Neuweltkamele Alpaka, Vikunja, Guanako und Lama (alle ohne e) haben keine Höcker.

Vom M-aul-ESEL ist die M-utter ein ESEL.

Der Maulesel ist das gemeinsame Fohlen von Eselstute und Pferdehengst. Das Maultier hingegen ist das Fohlen von Pferdestute und Eselhengst.

SäuRe: R-ot, Base: B-lau.

Beim Lackmustest erscheint der
Teststreifen bei pH-Werten unter
4,5 (= Säure) rot, bei Werten über
8,3 (= Base) blau.

Erst das Wasser, dann die Säure, sonst geschieht das Ungeheure.

Man sollte niemals Wasser auf eine
Säure geben, da es sonst zu schlag-
artigem Sieden kommen kann.

Der Lauge gieße Säure zu: Salz und Wasser gibt's im Nu.

Säuren und Basen (Lauge: Lösung
einer Base) reagieren zu einem Salz
(Neutralisation) und bilden dabei
Wasser.

An Säuren hängt, das merke fest, am Wasserstoff der Säure-Rest.

Der chemische Aufbau einer Säure: Diese verfügen über gebundene Wasserstoffatome.

Laugen aber sich entpuppen als Metall mit OH-Gruppen.

Der chemische Aufbau einer Base: Diese verfügen über Hydroxid-Ionen (OH⁻).

Kommt herbei ein Elektron, ist es eine Reduktion. Wenn's ein Elektron verliert, wird das Teilchen oxidiert.

Redoxreaktion: Reduktion = Elektronenaufnahme, Oxidation = Elektronenabgabe.

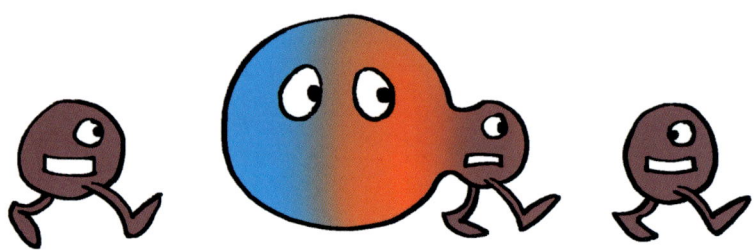

AN Oxidation DEnken!

Bei der Elektrolyse findet an der Anode Oxidation statt, an der Kathode Reduktion.

Mit dreihunderttausend Sachen rast das Licht – kannste nix machen.

Die Lichtgeschwindigkeit im Vakuum beträgt 299.792.458 m/s also ca. 300.000 km/s (oder 1,08 Milliarden km/h).

Auf 340 Meter hörst du's 'ne Sekunde später.

Die Schallgeschwindigkeit in trockener Luft von 20 °C beträgt 343,2 m/s (1.236 km/h).

Unter 20 und über 20 hörst du nichts.

Frequenzbereich des menschlichen Hörens beträgt 20 Hz bis 20 kHz.

Rote Orang-Utans gehen gründlich bei Inspektionen vor.

Die Spektralfarben im Regenbogen von außen nach innen: Rot, Orange, Gelb, Grün, Blau, Indigo, Violett.

Von dünn zu dicht – zum Lot sich bricht.

Lichtstrahlen brechen sich zur Senkrechten (zum Lot) hin, wenn sie in ein Medium mit größerem Brechungsindex (höherer Dichte) eintreten.

Ist die Schüssel konkav, bleibt die Suppe brav. Ist die Schüssel konvex, macht die Suppe klecks!

Eine nach innen gewölbte Fläche (z. B. eine Linse) ist konkav, eine nach außen gewölbte konvex.

Walter isst Früchte manchmal Schnell.

Arbeit ist Kraft mal Weg
(W = F × s; »W ist F mal S«).

Paula gleitet Wild durchs Tal.

Leistung ist Arbeit durch Zeit
(P = W/t; »P gleich W durch T«).

Viktor gleitet Schnell durchs Tal.

Geschwindigkeit ist Weg durch Zeit
(v = s/t; »V gleich S durch T«).

Spannung durch Strom, das ist Ohm.
Teilst du U durch R, gibt das Ampere.

Das Ohmsche Gesetz besagt: U (Spannung) =
R (Widerstand) × I (Stromstärke).

Volt mal Ampere ergibt in Watt,
was der Strom geleistet hat.

P (Leistung) = U (Spannung) × I (Stromstärke).

Kuh gleich Kuh.

Die elektrische Ladung im Kondensator wird
mit Q = C × U (Q = CU), Ladungsmenge gleich
Kapazität mal Spannung, berechnet.

Mein Vater erklärt mir jeden Sonntag unsere Nachbarplaneten.

Die acht Planeten unseres Sonnensystems von der Sonne aus gesehen: Merkur, Venus, Erde, Mars, Jupiter, Saturn, Uranus und Neptun.

Opa, bei allen Fixsterntypen gibt's kennzeichnende Merkmale (richtige, nicht spaßeshalber).

Die Spektralklassen der Sterne sind in der Hauptreihe: O, B, A, F, G, K und M, sowie die Roten Riesen: R, N, S.

Drei kommen nach 14 oder 15 Tagen am 9. Februar an.

Die Kreiszahl π (Pi) mit den ersten sechs Nachkommastellen: 3,141592.

Hokus, Pokus, KlaPoPuS!

Die Prioritäten der Rechenzeichen lauten: Klammer vor Potenz vor Punkt vor Strich.

Kreisumfang heißt Peripherie: Man rechnet Zwei mal R mal Pi.

Berechnung des Kreisumfangs: $U = 2 \times r \times \pi$.

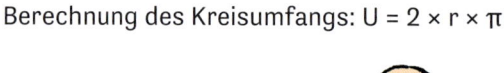

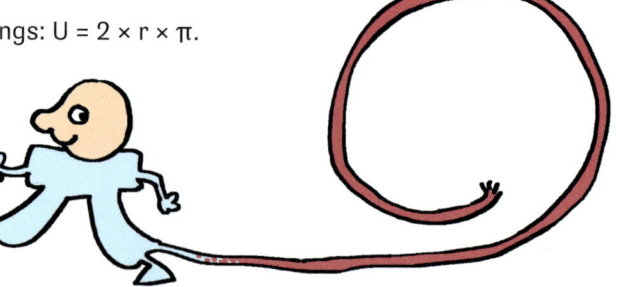

Es kreist die Fläche vogelfrei:
Man rechnet Pi mal R hoch zwei.

Berechnung der Kreisfläche: $A = \pi \times r^2$.

Was eine Kugel Fläche hat,
ist viermal Pi mal R-Quadrat.

Berechnung der Kreisfläche: $O = 4 \times \pi \times r^2$.

Was kugelt da an mir vorbei?
Vier Drittel Pi mal R hoch drei.

Berechnung des Volumens
einer Kugel: $V = \frac{4}{3} \times \pi \times r^3$.

Brüche werden, das ist bekannt, oben gezählt und unten genannt.

Bei einem Bruch steht der Zähler über und der Nenner unter dem Strich.

Die Null, die steht im Nenner nicht, weil dann der Bruch wohl niemals bricht.

Keine Zahl lässt sich durch Null teilen, darum kann die Null auch nicht im Nenner stehen.

Bereitet dir das Teilen Qual, Dreh den Bruch um und nimm ihn mal.

Durch einen Bruch wird dividiert, indem man mit seinem Kehrwert multipliziert.
$a/b : c/d = a/b \times d/c.$

SImon Geht Heim.
COSima Albert Herum.
Die TANte Gibt Acht.
Der COTrainer Arbeitet Gern.

Die Winkelfunktionen: Sinus = G/H,
Cosinus = A/H, Tangens = G/A,
Cotangens = A/G (A: Ankathete,
H: Hypotenuse, G: Gegenkathete).

In Vaters Xylophon Liegt Cäsar, Die Maus.

Die römischen Zahlen in aufsteigender Reihenfolge:
I = 1, V = 5, X = 10, L = 50, C = 100, D = 500, M = 1000.

Niemals ohne Seife waschen!

Die Himmelsrichtungen im Uhrzeigersinn:
Norden, Osten, Süden, Westen.

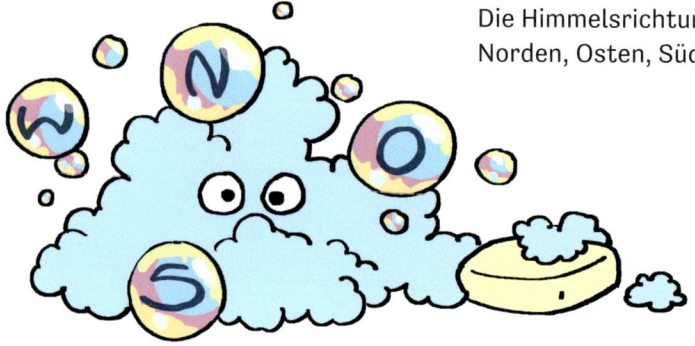

Süße nordamerikanische Affen angeln europäische und asiatische Austern.

Die Kontinente: Süd- und Nordamerika,
Afrika, Antarktika, Europa, Asien, Australien.

Wann spielten lange, baltische Norweger je besser?

Die Ostfriesischen Inseln von Ost nach West: Wangerooge,
Spiekeroog, Langeoog, Baltrum, Norderney, Juist und Borkum.

Bei Hans lagern wischfeste, rostige Steine günstig.

Die deutschen Hansestädte von West nach Ost: Bremen, Hamburg, Lübeck, Wismar, Rostock, Stralsund und Greifswald.

Iller, Lech, Isar und Inn fließen rechts zur Donau hin. Wörnitz, Altmühl, Naab und Regen kommen ihr von links entgegen.

Die Reihenfolge und Richtung der wichtigsten deutschen Donauzuflüsse von Westen nach Osten.

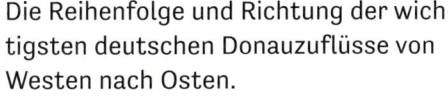

Mosel, Saar, Nahe, Rhein schließen rings den Hunsrück ein.

Das Mittelgebirge Hunsrück wird von den Flüssen Mosel, Saar, Nahe und Rhein eingefasst.

Nur 30 der Kalendertage bringen 4, 6, 9, 11 auf die Waage. Und dabei ist auch allen klar: Weniger hat nur Februar.

April, Juni, September und November haben nur 30 statt 31 Tage. Februar mit 28 bzw. 29 Tagen hat am wenigsten Tage.

Im Frühjahr stellt man die Gartenmöbel VOR das Haus, im Herbst stellt man sie ZURÜCK in den Schuppen.

Umstellung auf die Sommerzeit: Am letzten Märzsonntag wird die Uhr um eine Stunde vorgestellt, am letzten Oktobersonntag um eine Stunde zurück.

Der Mond wechselt alphabetisch und in Klammern: (Abnehmen, Zunehmen)

Klammer auf und A: Wölbt sich die Mondsichel (wie das Klammerzeichen) nach links, folgt der Neumond. Klammer zu und Z: Wölbt sich die Sichel nach rechts, ist der Vollmond die nächste Phase.

Wenn die Sonne lacht: Blende acht.

Bei hellem Sonnenlicht sollten (Hobby-) Fotografen die Blende 8 verwenden.

Zwischen elf und zwei haben Fotografen frei.

Da die Sonne um die Mittagszeit nahezu senkrecht steht, ist das Licht ungünstig für ausgewogen ausgeleuchtete Bilder.

Rund und rot heißt Verbot.

Verbotsschilder sind in der Regel rund mit einem roten Rand. Was untersagt wird, erklärt meist ein Piktogramm im Schild (z. B. Überholverbot).

A wie Achtung, V wie Vorfahrt achten.

Bei Warnzeichen zeigt die Spitze wie bei einem A nach oben. Beim Vorfahrt-gewähren-Schild zeigt sie wie beim V nach unten.

Eckiges Spiegelei: Vorfahrt frei.

Das auf der Spitze stehende Verkehrszeichen (gelbes Quadrat auf weißem Quadrat) zeigt an, dass man sich auf einer Vorfahrtstraße befindet.

Brust und Rücken:
Bremse drücken!
Rechte oder linke Seite:
Sicher geht die Reise weite'.

Wird der Verkehr auf einer Kreuzung durch einen Polizisten geregelt, müssen diejenigen anhalten, die auf ihn zufahren. Die anderen Verkehrsteilnehmer können dann »seitlich« an ihm vorbeifahren.

Links gehen:
Gefahr sehen!

Ist man auf einer Straße ohne Fußgängerweg unterwegs, sollte man so gehen, dass man den entgegenkommenden Verkehr frühzeitig sieht.

Sommerreifen von O bis O.

Sommerreifen sollte man von Ostern bis
Oktober aufgezogen lassen.

Vor 'ner langen Autofahrt
erst die WOLKEN, dann der Start.

Vor einer längeren Autofahrt Wasser, Öl, Luft, Kraftstoff,
Elektrik und Notfallzubehör überprüfen.

Spuckst du nach Lee, geht's inne See. Spuckst du nach Luv, kommt's wieder ruff.

Lee ist die dem Wind abge-
wandte und Luv die dem Wind
zugewandte Seite.

SteUERbord ist grUEn und Rechts.

Die Steuerbordseite eines Schiffs ist die
rechte Seite und wird mit einem grünen Licht
markiert. Die Backbordseite ist links und rot.

Notruf braucht 5 W.

Ein Notruf sollte immer nach der
5-W-Regel abgegeben werden:
WO ist es passiert?
WAS ist passiert?
WIE VIELE Betroffene?
WELCHE Art der Verletzungen?
WER meldet?

ABC bei Unfall oder Bewusstlosigkeit.

Als medizinische Sofortmaßnahme am Un-
fallort lässt sich die ABC-Regel anwenden:
Atemwege frei machen,
Beatmung (Mund–Mund oder Mund–Nase),
Cardiokompression (Herzdruckmassage).

FACTS über die Grippe ...

Fünf Hinweise, ob es sich um eine Grippe handelt,
die ernster zu nehmen ist als eine Erkältung:
Fieber?
Abgeschlagenheit (Kraftlosigkeit)?
Chills (Frieren oder Schüttelfrost)?
Tiefe Muskel- und Gelenkschmerzen?
Spontanes Einsetzen innerhalb eines Tages?

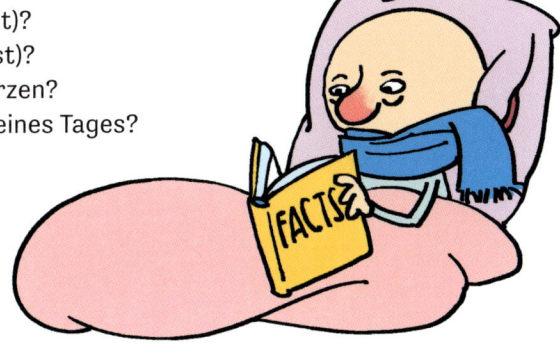

Gelenk gedehnt oder gestaucht: PECH!

So sollte man sich bei Gelenkdehnung oder
-verstauchung verhalten:
PAUSE machen.
Mit EIS kühlen.
Eine COMPRESSION anlegen.
Das Gelenk HOCHLEGEN.

Gesund bergauf, krank bergab.

Treppensteigen mit einem verletzten Bein:
aufwärts geht man mit dem gesunden Bein
zuerst, abwärts mit dem kranken Bein voran.

Gabel Links, Messer Rechts.

Traditionellerweise ordnet man Messer rechts und Gabeln links vom Teller an. Für Linkshänder sollte man es allerdings anders herum machen.

Mehlteig wird, wie es gebührt, immer kalt nur angerührt.

Klümpchen im Teig lassen sich leicht vermeiden, wenn man Wasser oder Milch kalt zum Mehl gibt.

Minze- und Lavendelstrauß machen Summern den Garaus.

Der Geruch von Minze und Lavendel soll Fliegen und Mücken vertreiben.

Ist der Käufer unzufrieden, gibt es einen WUMS!

Käufer haben bei mangelhafter Lieferung das Recht auf Wandlung (Rückerstattung des Kaufpreises), Umtausch, Minderung (des Kaufpreises) oder Schadenersatz.

Der Schuldner schuldet Geld, der Gläubiger glaubt, dass er das Geld bekommt.

Die Parteien bei einem Darlehen heißen Schuldner (Nehmer) und Gläubiger (Geber).

Erst sieht es aus, als wäre es BRUTal viel. Später weiß man, was NETTerweise übrig bleibt.

Ein Bruttobetrag beinhaltet noch Steuern und Abgaben. Wenn diese abgezogen wurden, bleibt der Nettobetrag übrig.

ISBN 978-3-8094-4388-9

1. Auflage
© 2021 by Bassermann Verlag, einem Unternehmen der Penguin Random House Verlagsgruppe GmbH,
Neumarkter Straße 28, 81673 München

Idee und Gesamtgestaltung: Norbert Pautner, Berlin
Projektleitung: Martha Sprenger
Herstellung: Elke Cramer

Druck und Bindung: Alföldi Nyomda Zrt., Debrecen
Printed in Hungary

Penguin Random House Verlagsgruppe FSC® N001967